WHAT ARE YOU DEALING WITH?
WE GOT YOU!

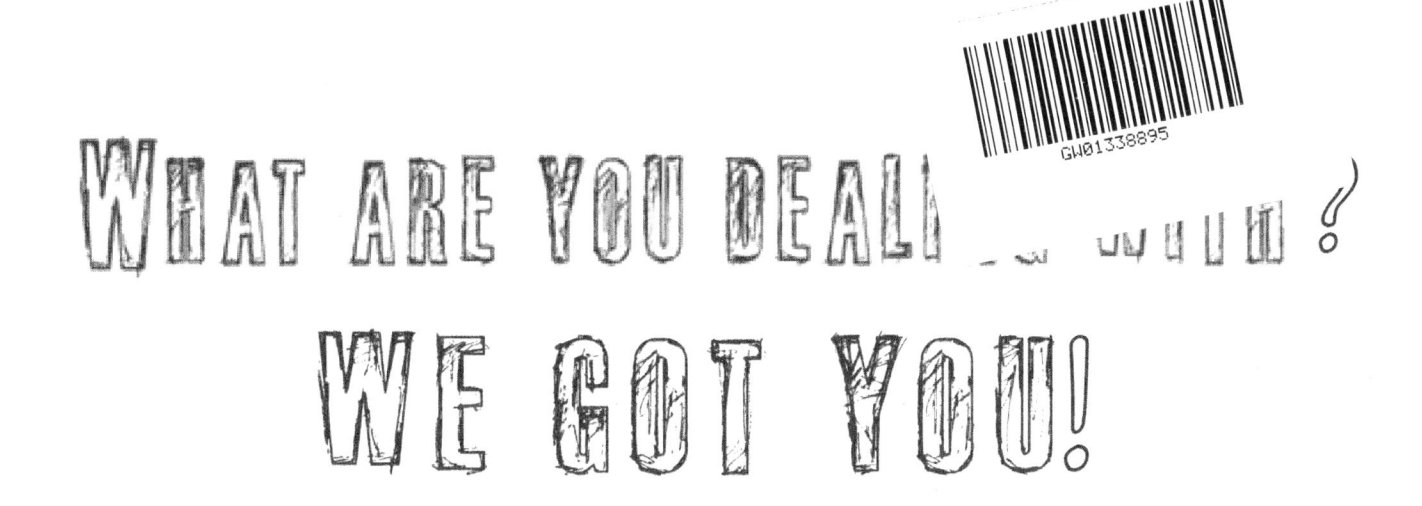

Visit www.YesIHave.com for more books!

Do you have an idea for the next "Yes I Have®" book? Reach out to us through our website!

You might just see your idea in a future book!

What are you dealing with?

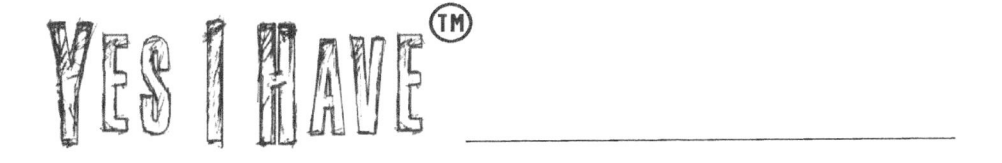

Yes I Have™ _____

YES I HAVE DANCE FEVER.   DEAL. WITH. IT

Copyright © 2022 by Yes I Have Anxiety, Inc.

All rights reserved.

Thank you for purchasing an authorized edition of this book and for complying with copyright laws by not reproducing, scanning, or distributing any part of it in any form without permission.

Consumer Use Disclaimer: The "Yes I Have" book series was created in light-hearted, relatable fun to create distractions from things individuals may be dealing with. All "Yes I Have" books are not intended to diagnose medical conditions nor provide a cure for any medical conditions. This book is not meant to be a replacement for real medical intervention if needed.

ISBN: 978-1-958083-00-0

First Edition: March 2022

Yes I Have Anxiety, Inc.
Grove, Ok 74345

Everyone Loves a Great Kick Line!

Take Pictures with Your
Dance Crew & Instructors.
Glue Them Here!

Put on your Competition Lipstick
and KISS All Over the Page!

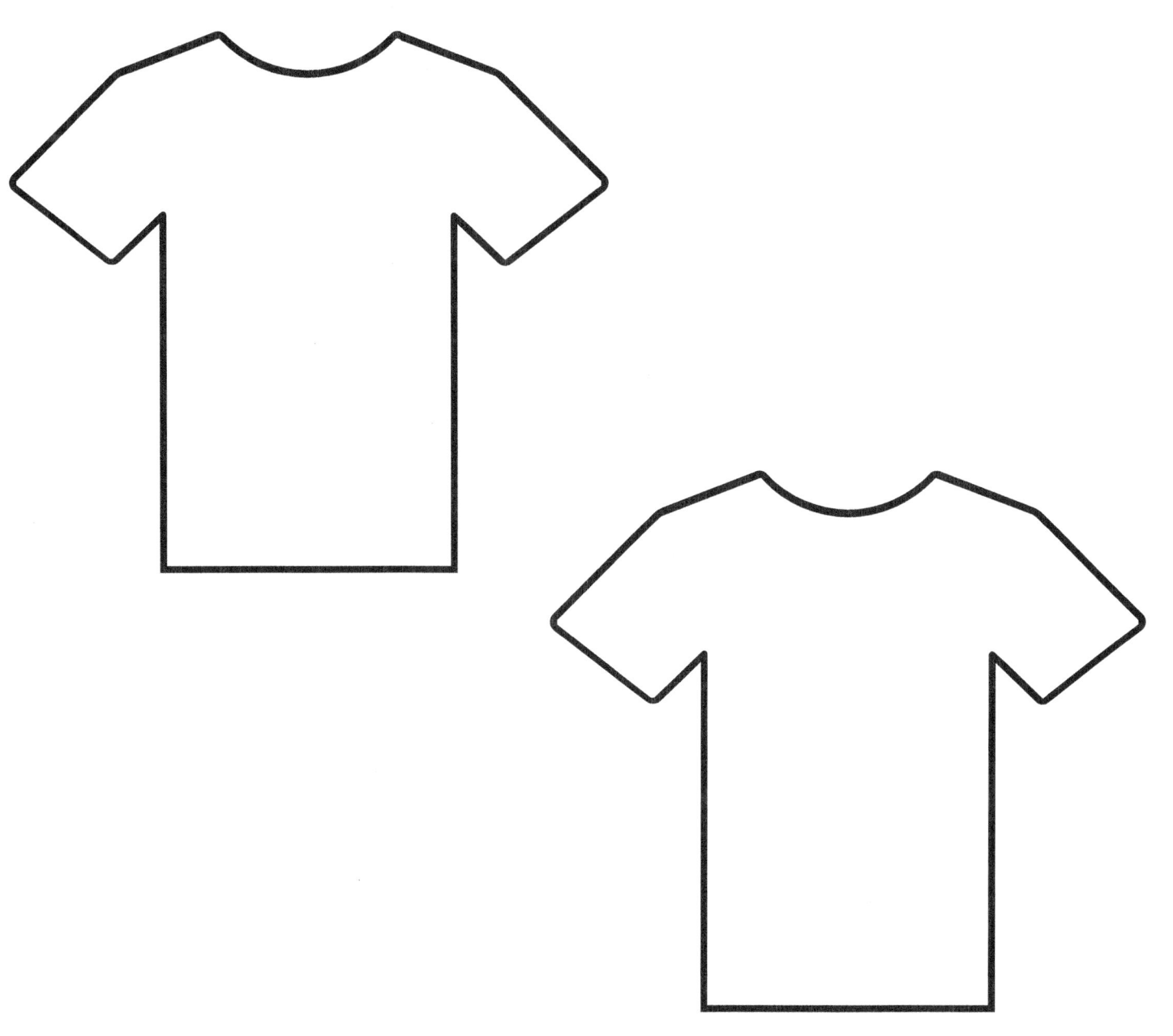

Write the Phrases You Hate to Hear from Your Instructor.

Make These Spotlights Shine!

Write Down your Dream Team Name and Cover it in Glitter

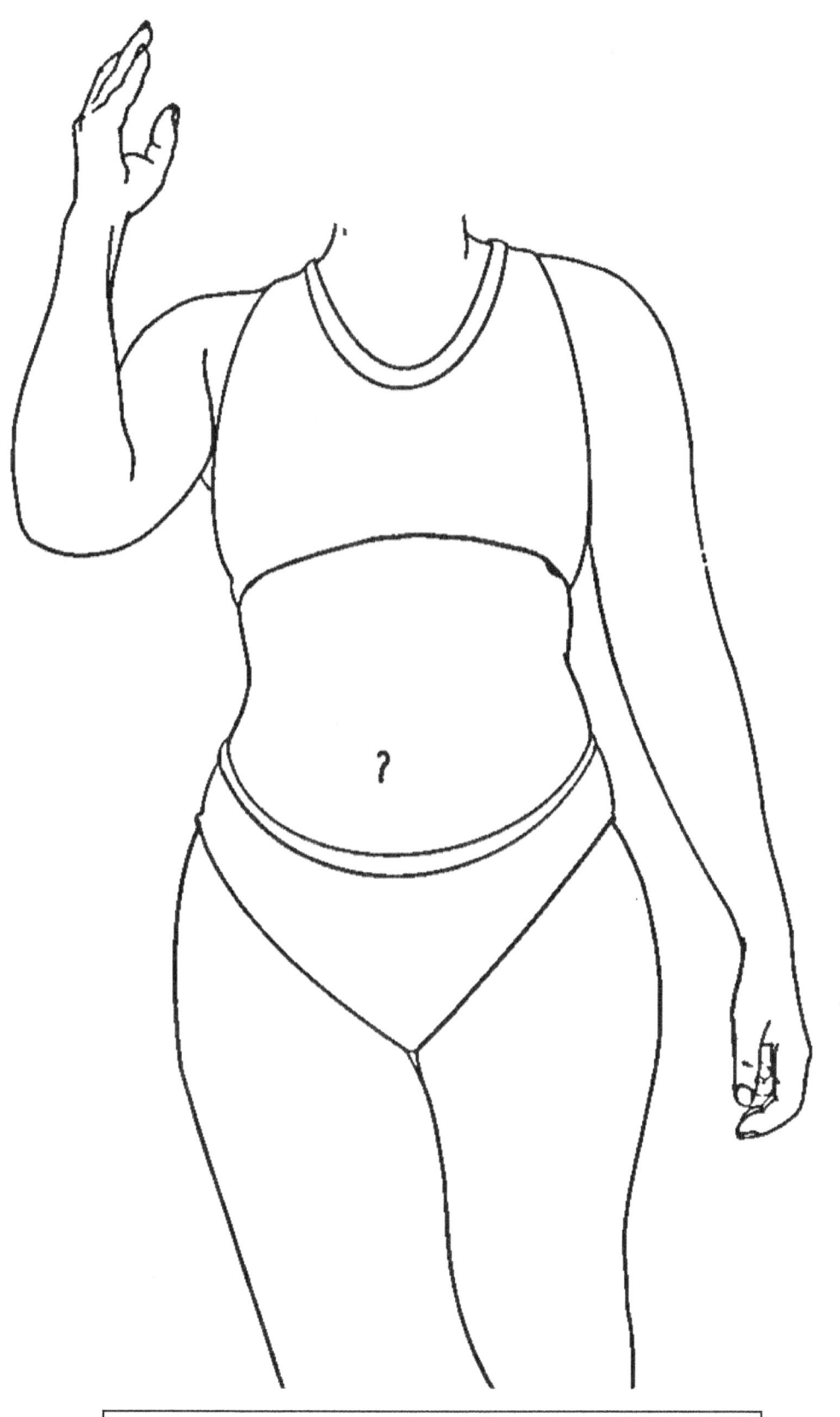

Write your Biggest Dance Fear Over and Over

Get Her Competition Ready!

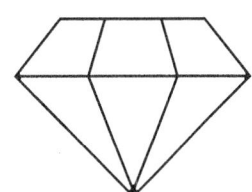

Shine Bright Like a Diamond!
Make These Diamonds SHINE.

How Many Words Can You Make From the Words DANCE FEVER?

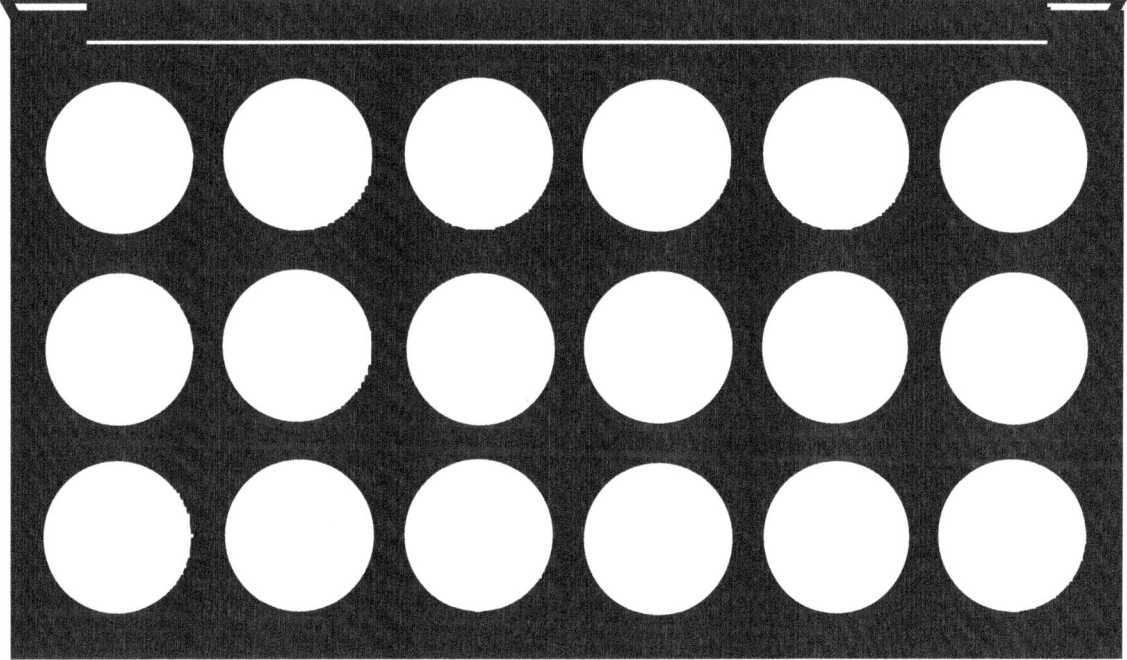

What Does Your Dance Eyeshadow Palette Look Like?

Bedazzle the Backpack!

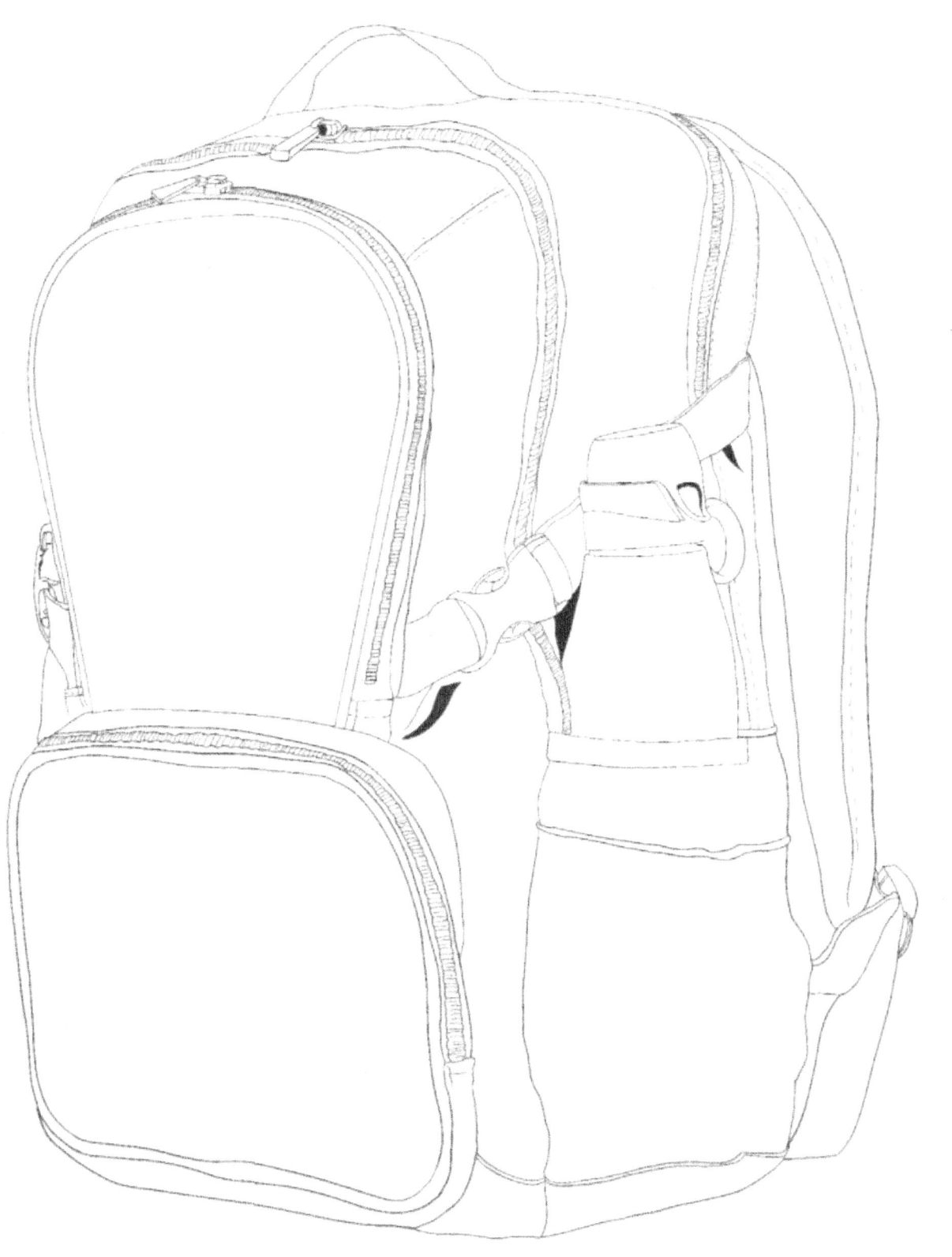

Decorate your Good Luck Charms!

Bedazzle your Medal

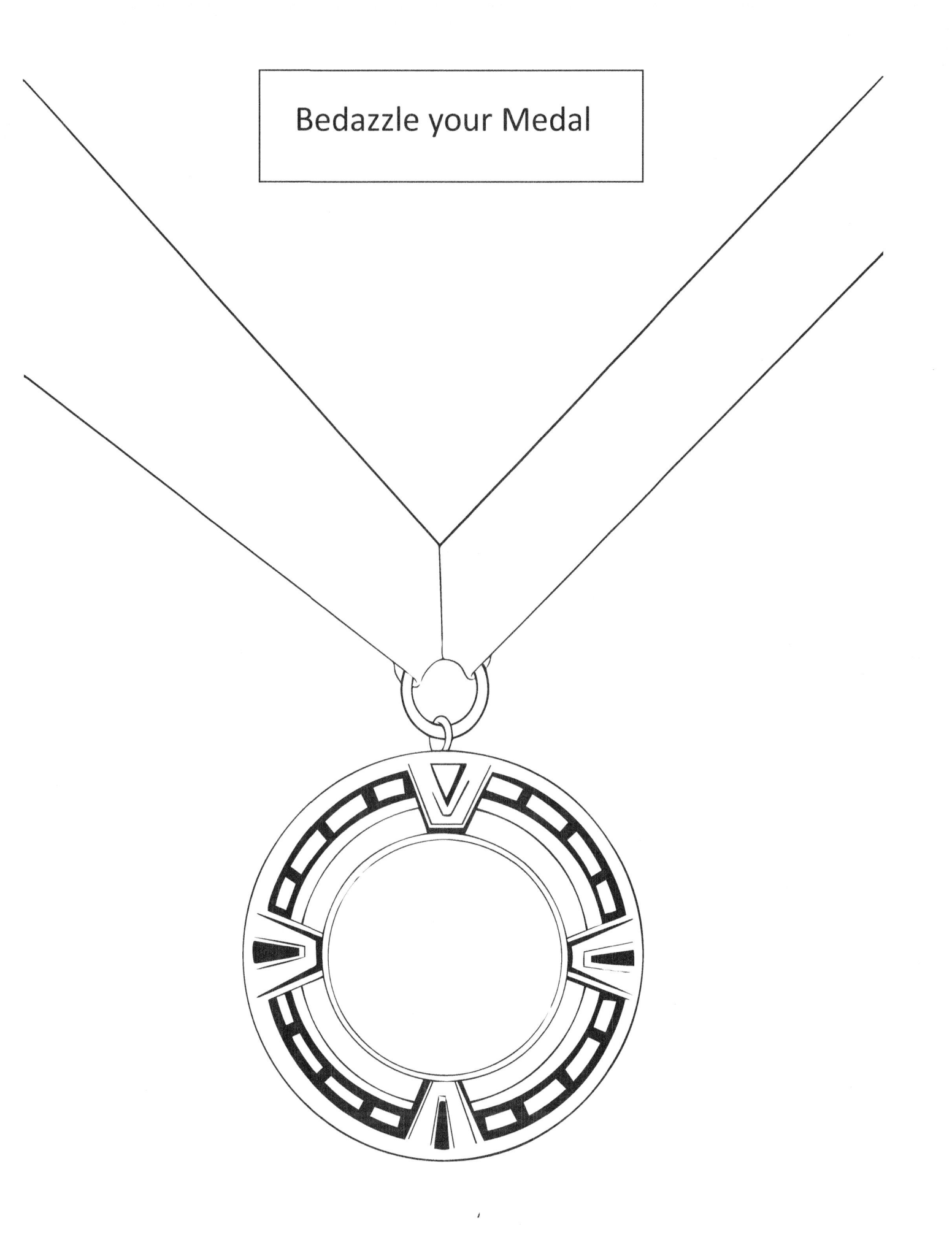

You be the Judge!!

Team Name _____

DIVISION: ☐ Junior High   ☐ Junior Varsity   ☐ Varsity   ☐ Small
CATEGORY: ☐ Pom   ☐ Hip Hop   ☐ Jazz   ☐ Kick   ☐ Medium
☐ Large

EXECUTION	POINTS	SCORE	COMMENTS
EXECUTION OF MOVEMENT — Proper control, placement and completion of movement/motions while staying true to style. Quality & strength of movement.	10		
EXECUTION OF SKILLS — Proper execution of technical skills.	10		
SYNCHRONIZATION/UNIFORMITY — Consistent unison and timing by the team. Uniformity of team movement within choreography and skills.	10		
SPACING — Consistent and even positioning of dancers throughout all formations and transitions.	10		
COMMUNICATION/PROJECTION — Ability to connect with the audience throughout the performance. Includes: projection, genuine expression, emotion, energy and entertainment value.	10		

CHOREOGRAPHY	POINTS	SCORE	COMMENTS
CREATIVITY/MUSICALITY — Originality of routine. New concepts/movement, levels/group work, visual effects and variety that compliments the intricacy of the music.	10		
ROUTINE STAGING — Use of varied formations & creative ways to move from one formation to another to allow for quick & seamless transitions. Adequate use of the performance floor.	10		
COMPLEXITY OF MOVEMENT — Level of difficulty implemented through movement such as, but not limited to weight changes, varied intricate movement, tempo changes, etc.	10		
DIFFICULTY OF SKILLS — Level of difficulty implemented through technical skills and/or tricks.	10		

OVERALL EFFECT	POINTS	SCORE	COMMENTS
OVERALL IMPRESSION — Appropriateness of the music, costume and choreography. Impact of performance to create a lasting impression.	10		
TOTAL POINTS	100		

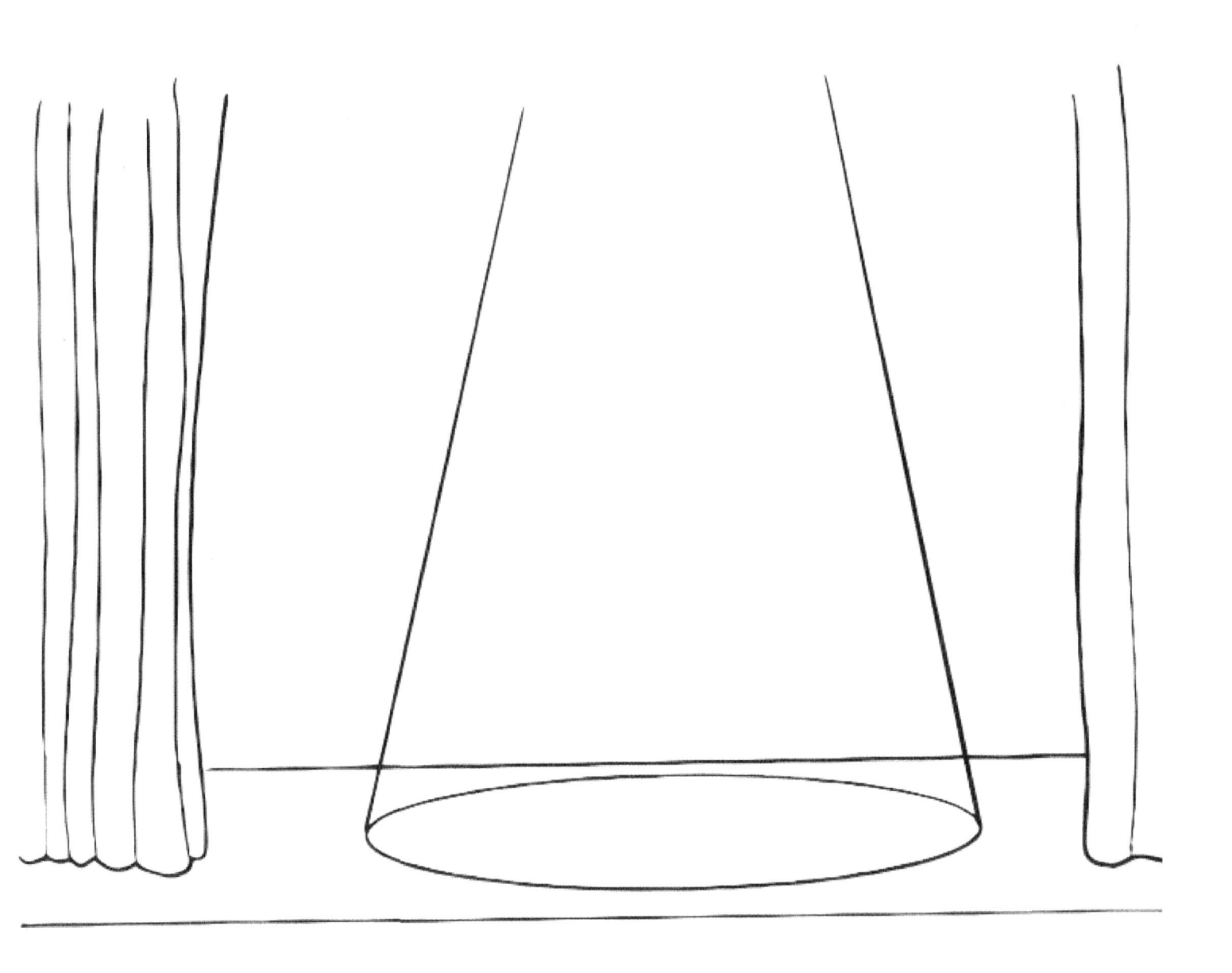

What is on Your Stage?

Sequins Popping Off Everywhere!

Don't Break a Leg! Make These Crutches Cute!

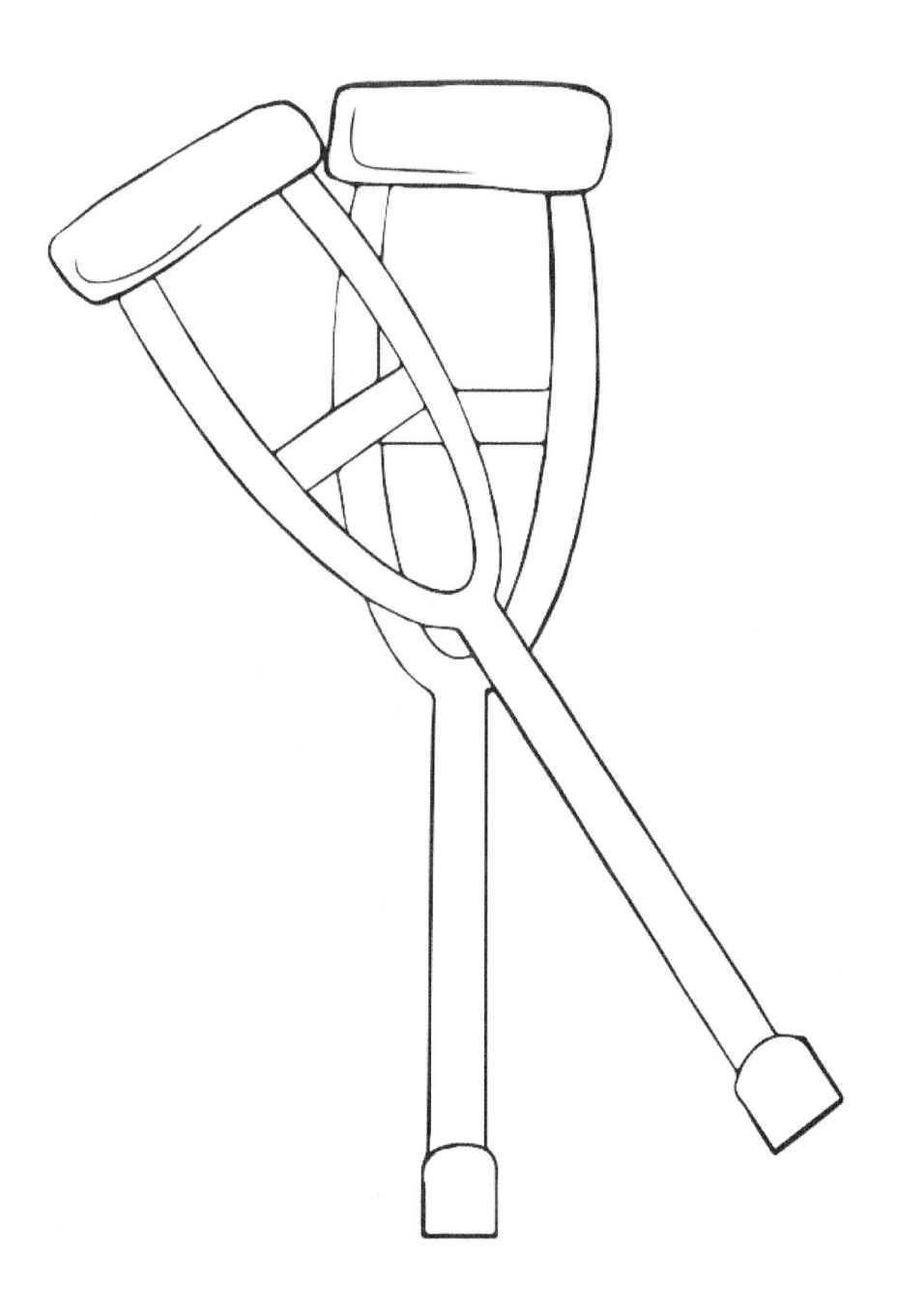

Color in your Ice Cream Balls

Design Your Hip Hop Costume!

Your Team Just Won!!
Celebrate!

Bedazzle Your Hip Hop Routine Shoes!

What do Your Dance Facials Look Like?!

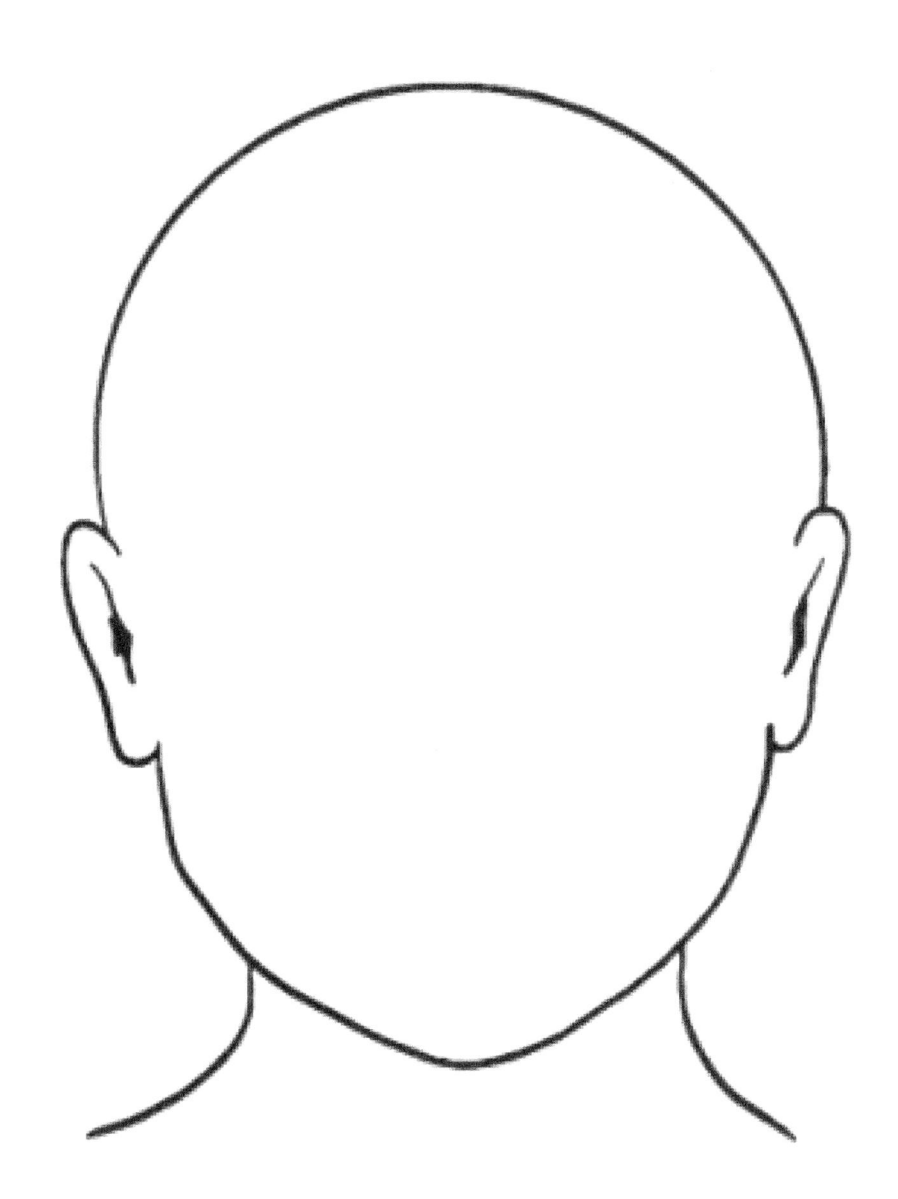

Make Those Pre-Performance Butterflies Go Away!

Make a Competition Packing Checklist

- ☐ _____
- ☐ _____
- ☐ _____
- ☐ _____
- ☐ _____
- ☐ _____
- ☐ _____
- ☐ _____
- ☐ _____
- ☐ _____
- ☐ _____
- ☐ _____

Make This Ballet Outfit Sparkle!

Don't Toss Your Cookies!

Make These Cookies Pretty!

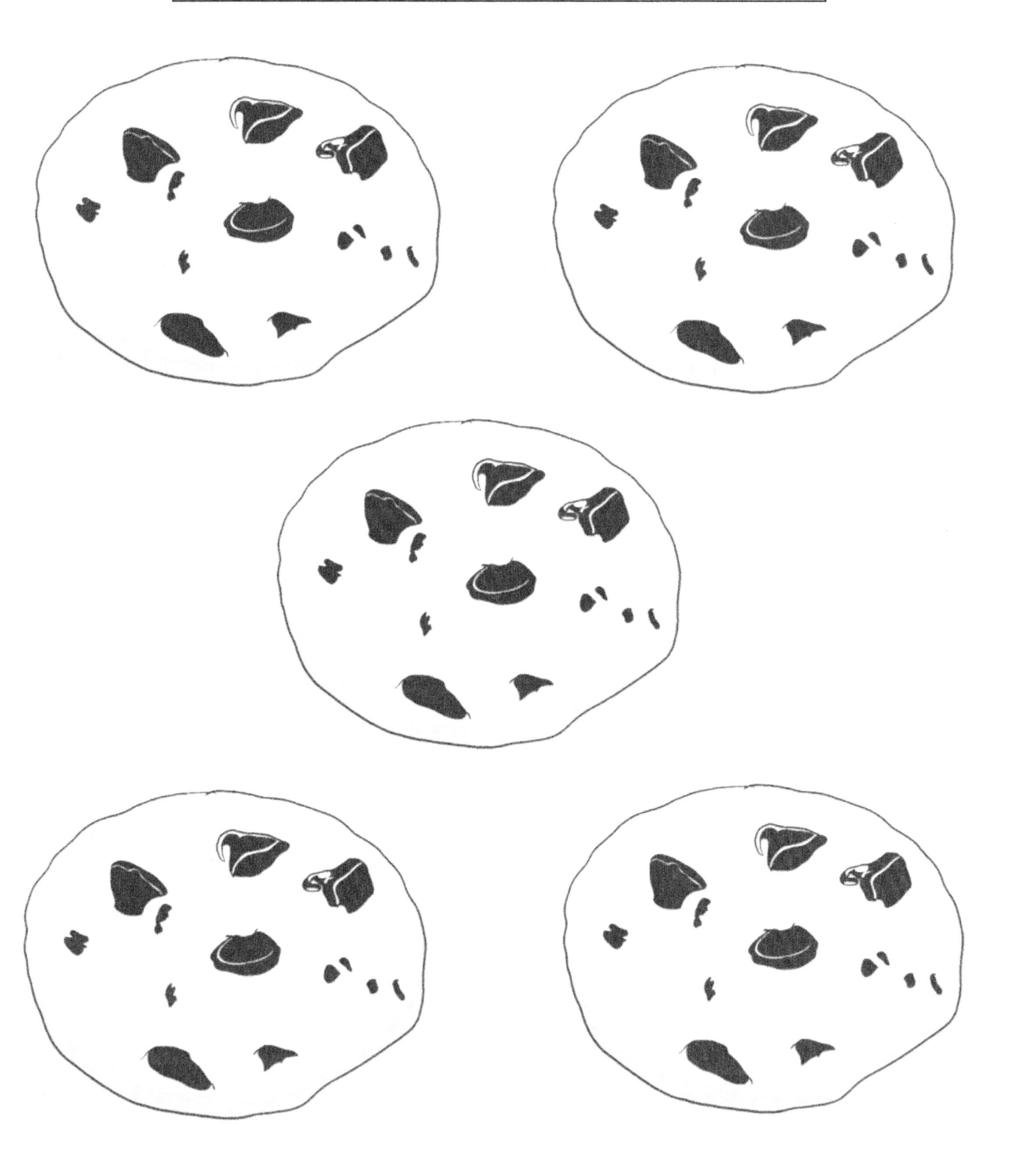

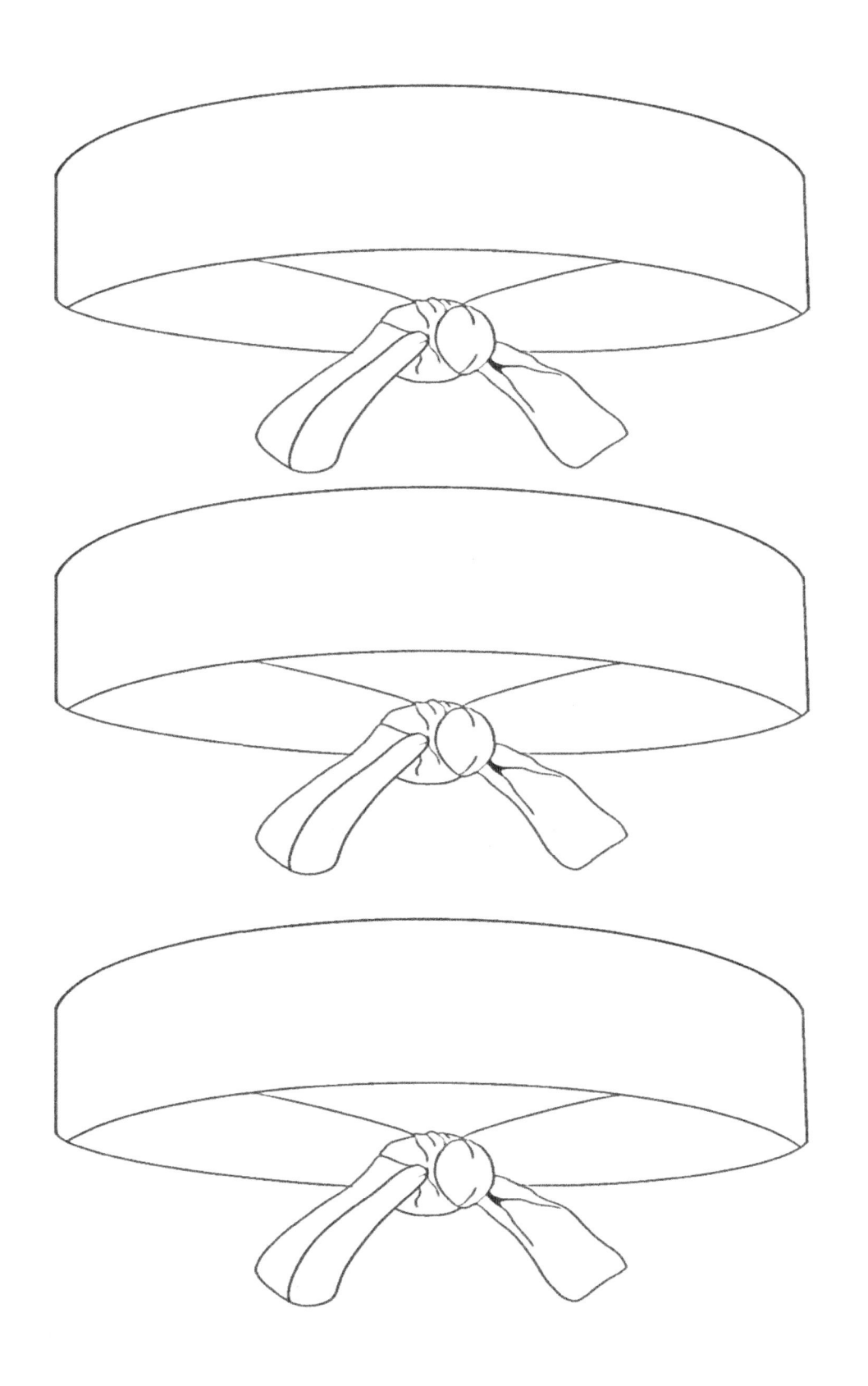

Make These Dance Headbands Fancy!!

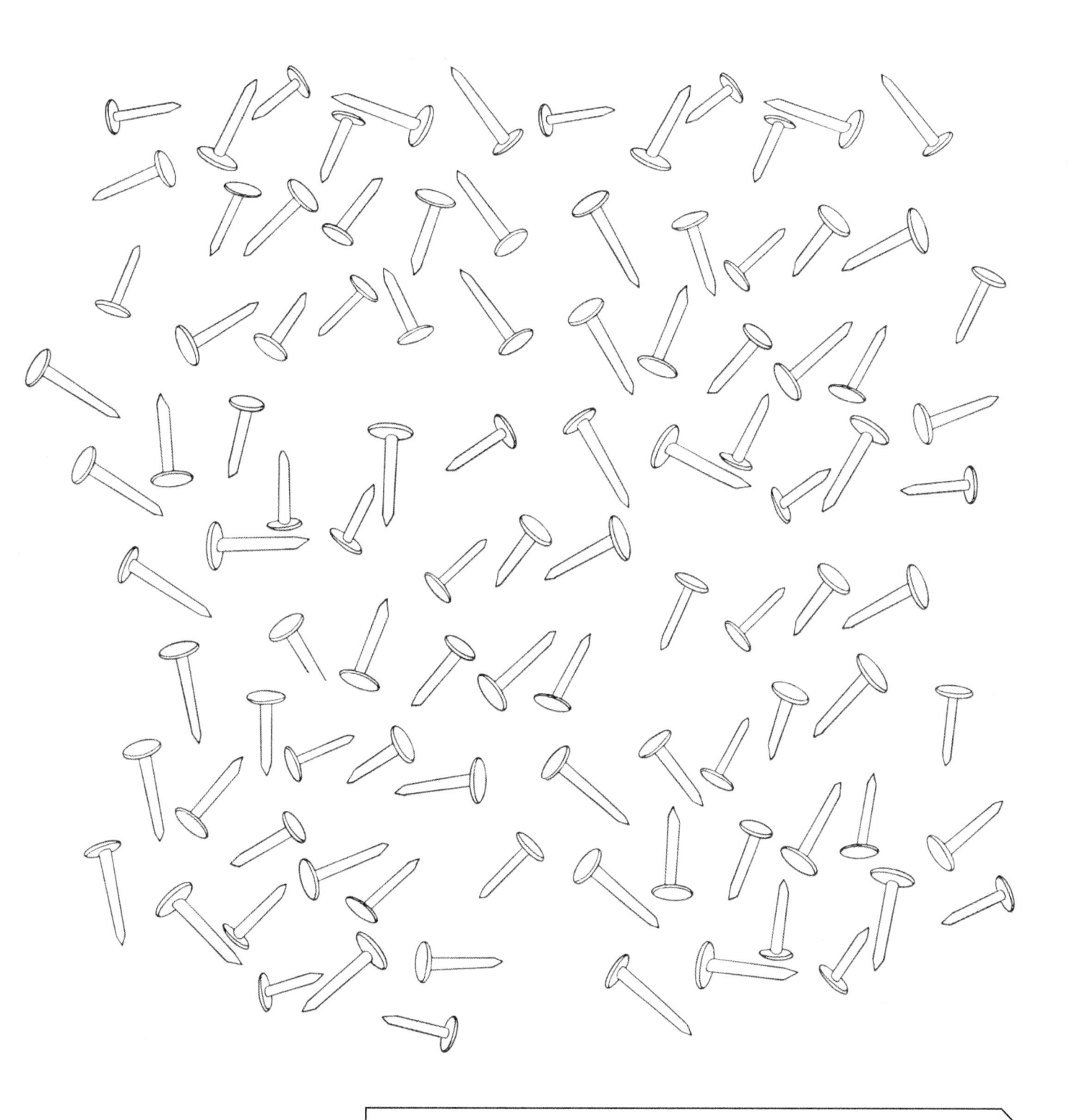

You Just Nailed Your Routine! Make These Look Like a Celebration!!

Design Your Own Practice Wear!

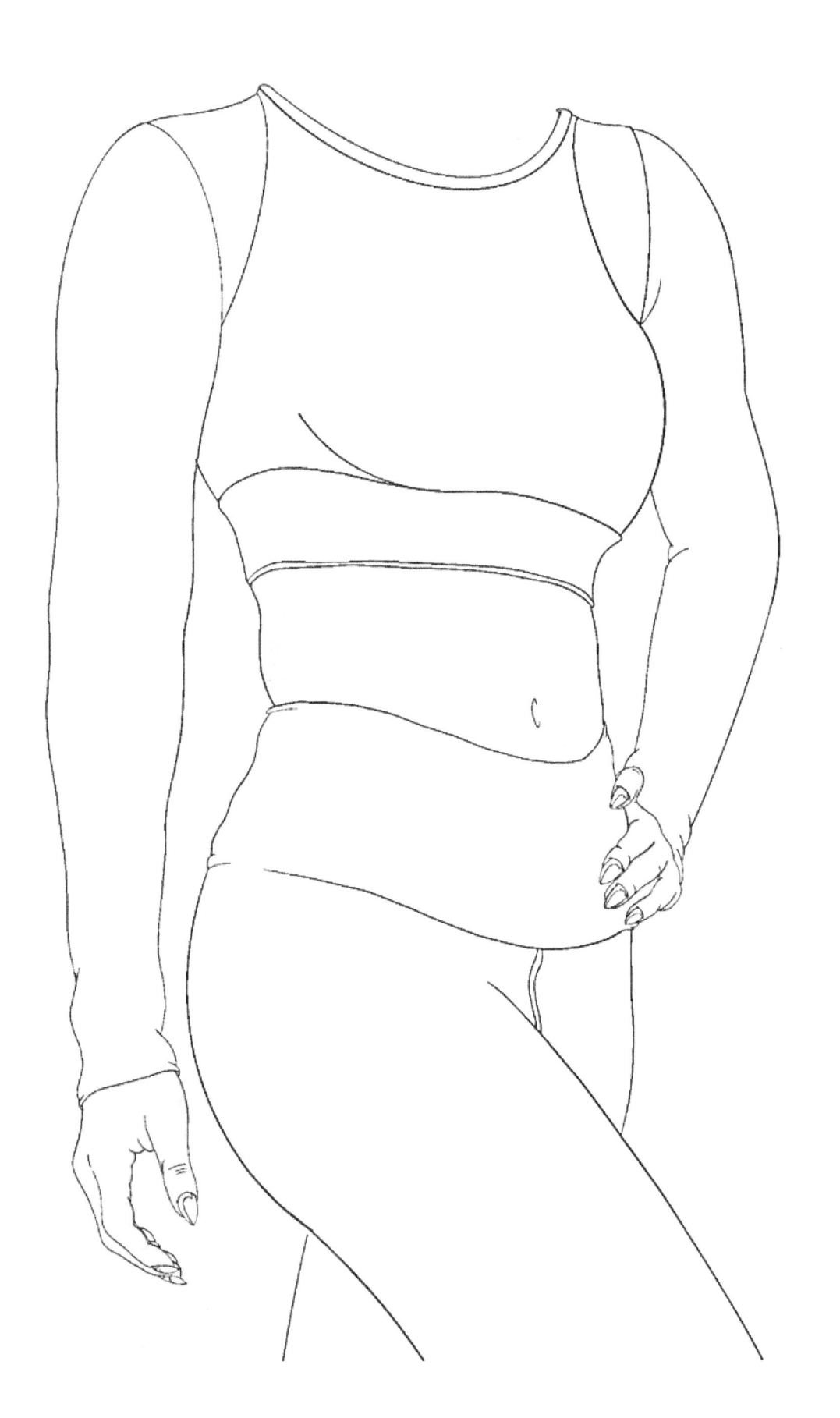

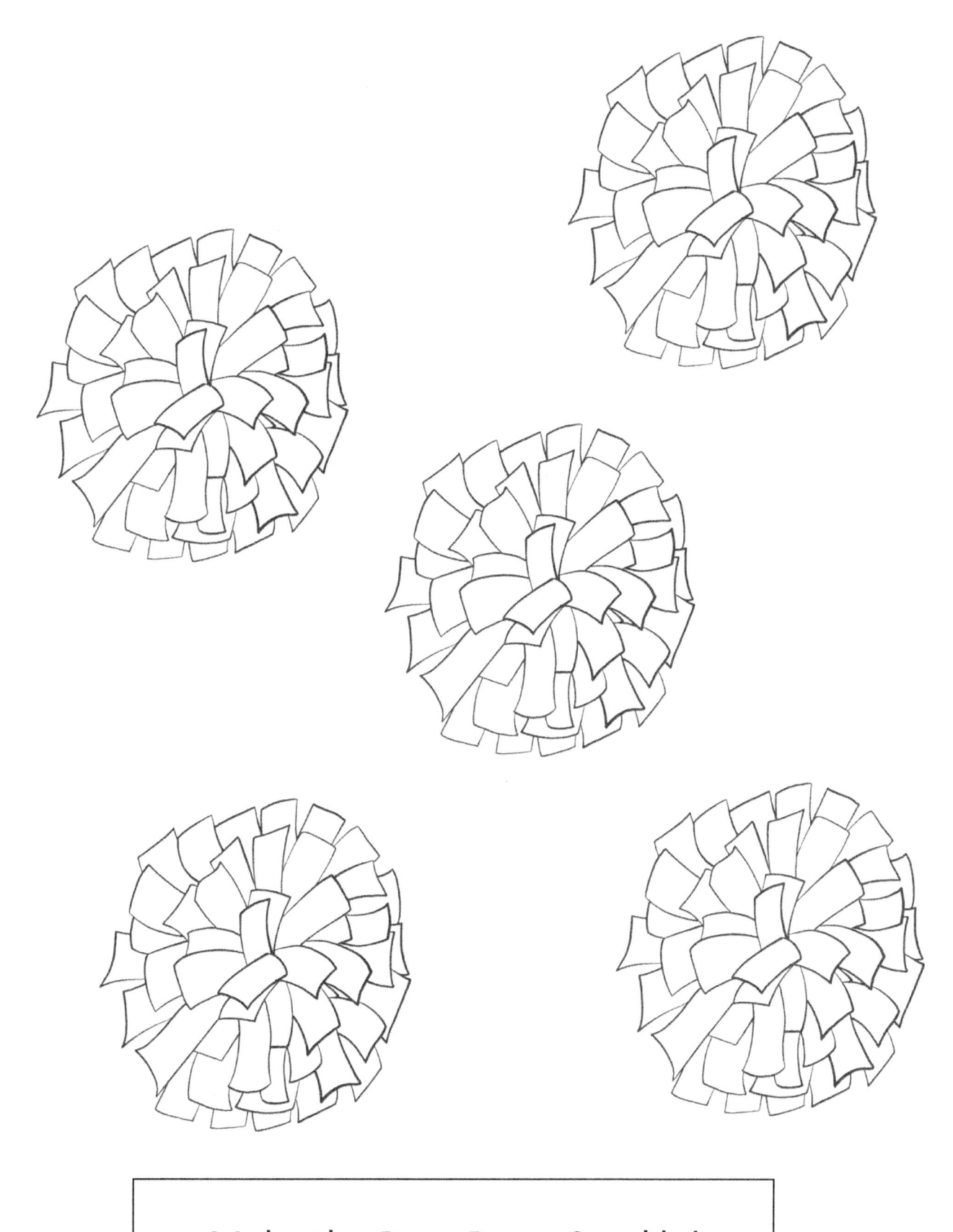

Make the Pom-Poms Sparkle!

Make her Messy Bun Competition Ready!

Design Your Championship Ring!

Put Toppings on the Nachos

#DanceFever

#DanceFever

#DanceFever

#JustColorIt

Bedazzle Your Water Bottles!

Don't Freeze!

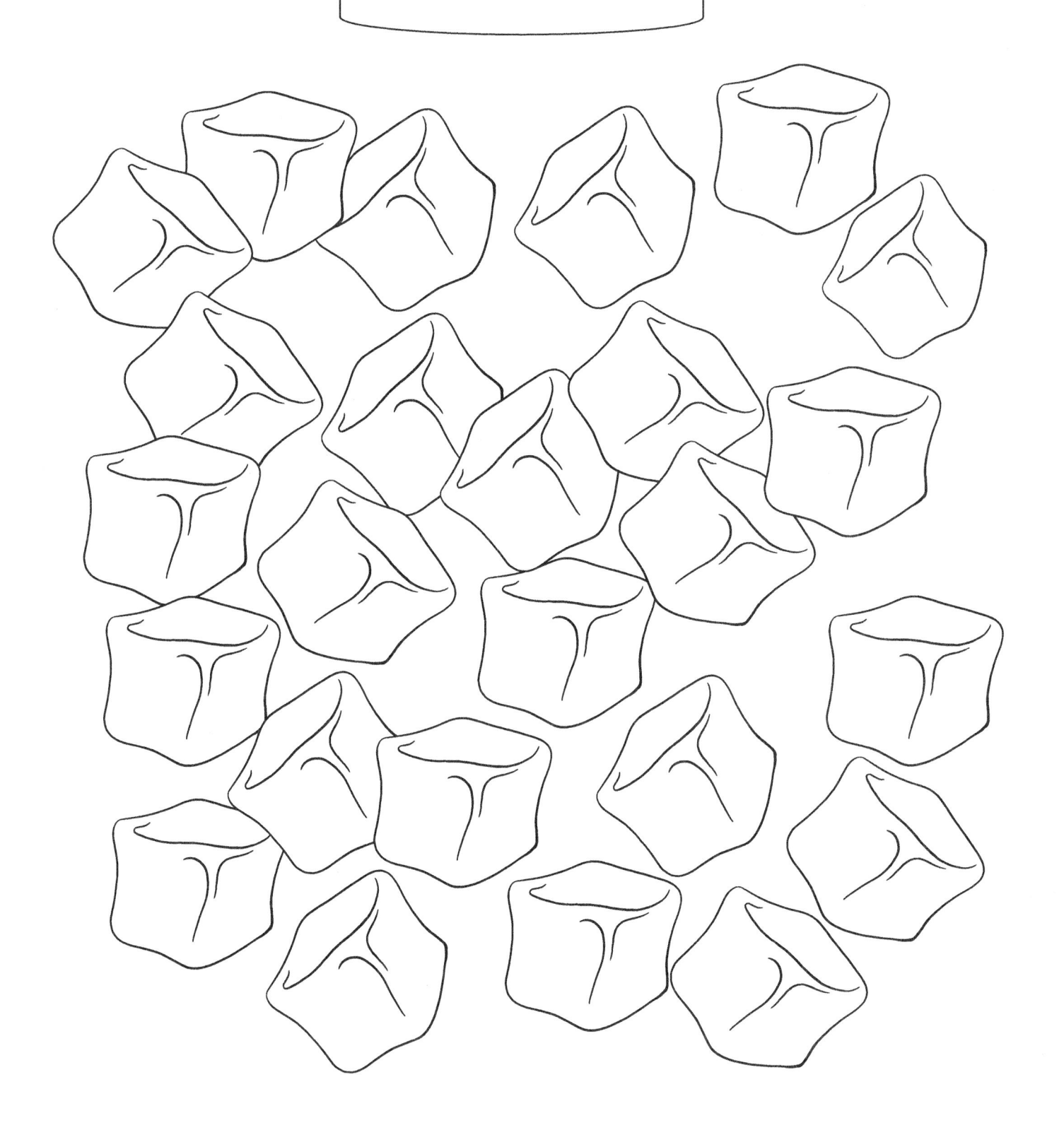

Draw the Last Thing you Snuck into the Arena

Your New Routine Requires Curly Hair.

Make the Curlers Fabulous!

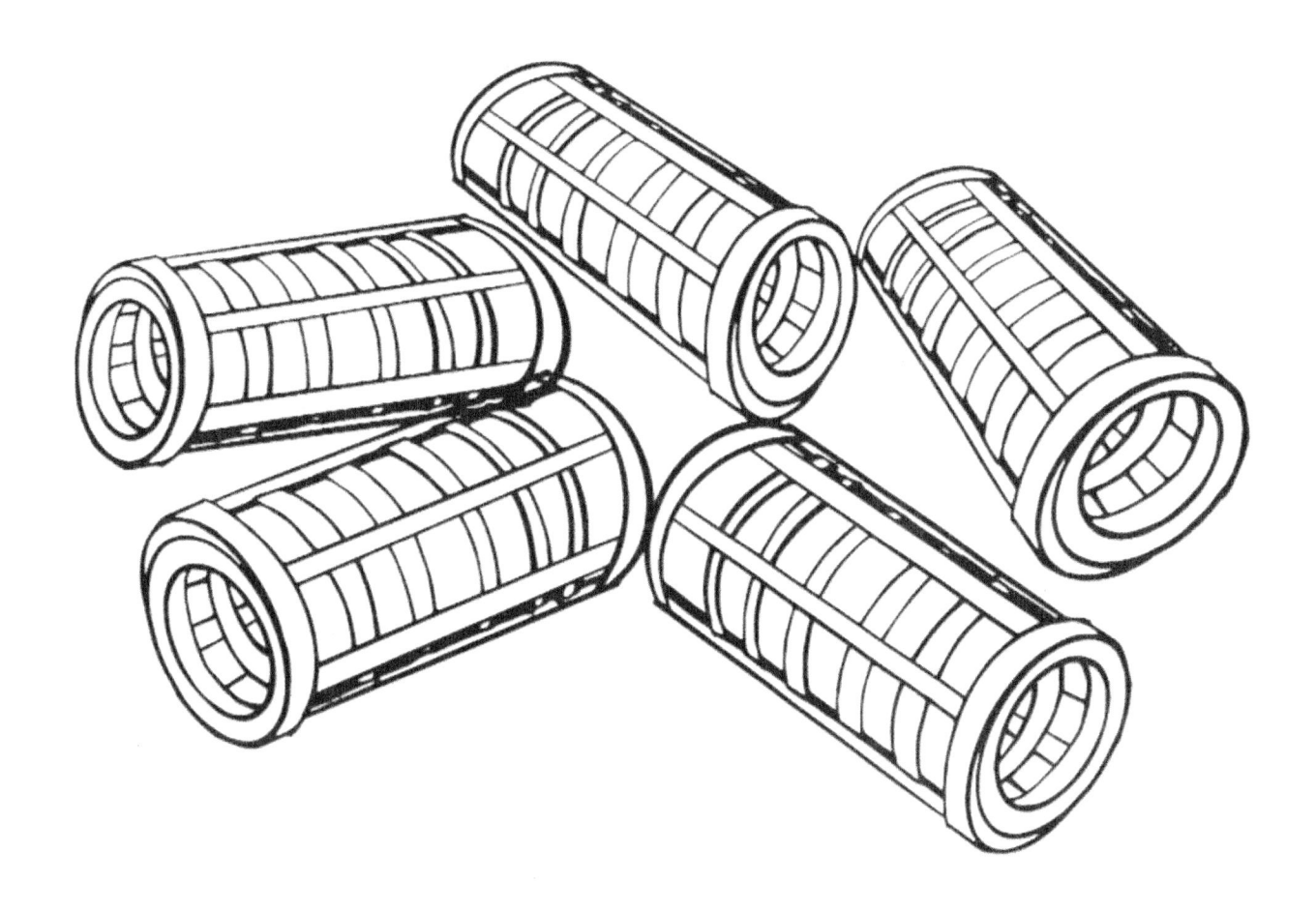

What Hair Spray Do You Use?

Write All of the Words to your Dance Music.

Make Your Tap Costume Fabulous!

```
E P A X S P C O U N T R Y A T N N M C F T G N G X K Y K J H
R T Q I I Z Y Q X W F R Q A Y L N V C F I O D D I U L I I N
R J O G S D B T S U M H O A Z N X H Z Z X C F G S E A M U V
D L M M B V T V N S A T I P M S V Z D Q Q H X N W V T S R K
D U B S T E P S G B C M Q P F J Q Q W I C F P F I K I T Z M
G W J G P B H A M B A G Z S H K N F Y R F P N O N H N E I V
C I U V X P S L O M X L H A W O R P D E W U Y I G S F P C P
K Z J Z K B J S M B Q Q L N S G P O L S Y J O A K S F D R E
J J B O X U A A R E I C V R L D E G K Z R S Q S B A C A Q E
K L Q E C X I C K G H P D G O T C A S L S R E A C Y O N O F
U N X Y Q Z M N P H K E B A Z O T U X W S G E F I F U C C V
H K T M K Y I R F L Z D G W T Q M I K J U B Z F Q Y X E A F
F P W D W J C D W R H S L M B F I J Y V U H B F Z U K Q T U
B D Y X H C N T R N O Q H I R F F G W C Y P V K S K W J D T
J P Y M Z U B E A M A S I Y N B C O C X T O Z F S S B K P N
O A C T U A S V M N L V X T C E Z C L U B M H Q R R E U A U
Q Q Z F M S T T L X G Q S Y V P Z A R C L A S S I C O Z F U
D A J R B G Q C J Y V O V W D B V Q I Q T F E Z P N V X Z F
J G Z O A G E M Y V O Y N U L E X Q U U U X A X V O V U T B
M I D D V R B V I P R K Q A Z L O U L Q Z N O C O E M O X O
Q U L M D X D I E S B B Q P Q L I S S N O P E U N D W O O K
M G V G I M N M S U B L G T X Y K A E F O L K B O O M Q P L
F I U D X S I W F I W T K M F D F Q C O M Z F M P Y P P S S
V D J G U X B M Q N S Q V Q I A R O B G W I M A Z B O J W C
T J Q Q C K D K T T P F O I M N I H C A R D F P E A E S R X
I V W J J J R P J A E B H Z O C V F M J L Z J N A R F H P T
Y E C A R Q J H G I N N B A D E O K J Y A L H V T S O R Z C
F Z X Z D L R N C V X G Z O E T G R H H K G E H Y B H B R G
S X Z Z W C E C C M Q Y O K R P J K X G B X O T S W O G I T
M W A Z N P P H W Z R A D E N E T J T Q H J O E U X K C Y C
```

Can you Find 20 Styles of Dance?

Don't miss out on FREE books and New Book Announcements!!!

Follow us on our social media platforms to be included in weekly giveaways, book tour location announcements, new book releases, and videos for page idea inspiration!!!

| officialyesihave | yesihaveofficial | Yes I Have Books | Yes I Have Official |

JOIN OUR NEWSLETTER!:
Text
YESIHAVE
To 22828 to get started!

Hey Fans!! If you post your page videos on social media and one goes viral, we want to know! Send your video to us at yesihavebooks@gmail.com

We showcase our viral fan videos on our website and social media outlets! We have 100+ viral videos and counting!

Want to Find More Books?

Scan the QR Code, Then Decorate it!

📱 Scan Me

Mood Swings Perfectionism
Kids Anxiety Stress Ideas
Hard Times Pets Boredom
Baby Fever Christmas Fever

Printed in Great Britain
by Amazon